히브리어 문법과 간단 회화

쓰면서 익히는 히브리어 교본

편집부 편 / 윤상문 최명덕 감수

- "Yes(예)."

  כֵּן [ken 켄]

- "No(아니오)."

  לֹא [lo 로]

- "Perhaps(아마도)."

  אוּלַי ['ulay 울라이]

도서출판 한글

목 차

히브리어 알파벳

히브리어 알파벳은 22개 자음으로 구성되어 있다

번호	명칭			알파벳형태		음역	발음	수
	영어	히브리어	한글	기본형	종지형			
1	aleph	אָלֶף	알렢 (알레프)	א		ʾ (묵음)	hour	1
2	beth	בֵּית	뻬트 (뻬트)	בּ		b	bank	2
		בֵית	뻬트 (베트)	ב		b̲ (v)	never	2
3	gimel	גִּימֶל	끼멜	גּ		g	go	3
		גִימֶל	기멜	ג		g	go	3
4	daleth	דָּלֶת	딸렡	דּ		d	door	4
		דָלֶת	달렡	ד		d̲	door	4
5	he	הֵא	헤 (헤이)	ה		h	hand	5
6	vav	וָו	바브	ו		v	vote	6
7	zayin	זַיִן	자인	ז		z	zone	7

번호	명칭			알파벳형태		음역	발음	수
	영어	히브리어	한글	기본형	종지형			
8	heth	חֵית	헷 (흐하이트)	ח		ḥ	loch[1]	8
9	Teth	טֵית	텟 (테트)	ט		ṭ	time	9
10	Yod	יוֹד	요드 (유드)	י		y	year	10
11	kaph	כַּף	캎 (흐하프)	כ		k	keep	20
		כַף	캎 (흐하프)	כ	ך/ך	ḵ	Bach[2]	20
12	lamedh	לָמֶד	라멛 (라메드)	ל		l	line	30
13	mem	מֵם	멤	מ	ם	m	main	40
14	nun	נוּן	눈	נ	ן	n	noon	50
15	samekh	סָמֶךְ	싸멕 (씨메흐)	ס		s	silver	60
16	ayin[3]	עַיִן	아인	ע		ʿ	bottle/ battle	70
17	pe	פֵּא	페 (페이)	פ		p	pay	80

번호	명칭			알파벳형태		음역	발음	수
	영어	히브리어	한글	기본형	종지형			
		פֵּא	페 (페이)	פ	ף	p	face	80
18	sade	צָדִי	짜디	צ	ץ	$\d{s}$	cats	90
19	qoph	קוֹף	콥 (쿠프)	ק		$q(k)$	keep	100
20	resh	רֵישׁ	레이쉬	ר		r	rope	200
21	sin	שִׁין	씬	שׂ		$\acute{s}$	silver	300
22	shin	שִׁין	쉰	שׁ		$\check{s}$	shoe	300
23	tav	תָּו	탑 (타브)	ת		t	time	400
	tav	תָּו	탑 (타브)	ת		$\underline{t}$	time	400

꼬리형 문자

히브리어 알파벳 22개 혹은 23개중에 5개의 자음 (צ. פ/ף. נ. מ. כ/ך)은 특별한 특징을 가지고 있다. 이러한 5개의 문자가 단어의 끝에 나올때에는 종지형(final letters: ץ. ף. ן. ם. ך)을 사용한다. 그리고 이러한 종지(終止)형을 사용한다고 해도 의미에는 전혀 변화를 주지 않는다.

히브리어 문자는 숫자로도 사용된다

    히브리어 알파벳 문자의 특징은 숫자의 기능을 하고 있는 것이 그 특징이다. 예를 들어, 1부터 9까지의 숫자는 א ~ ט로 표기하고, 10부터 90까지는 ' ~ צ로 표기하며, 100부터 400까지는 ק ~ ת로 표기한다. 숫자 500은 400 + 100 (=תק)로 표기하고, 숫자 900은 400 + 400 + 100 (=תתק)로 표기한다. 그러나 숫자 15와 16은 논리적으로는 יה 혹은 יו인데, 이것은 하나님의 이름(יהוה : 아도나이)을 나타내는 글자로 사용되기 때문에, 유대인들은 하나님의 이름을 함부로 부를 수 없다는 극도의 경외감으로 인해, 창조주 하나님의 이름과 관련된 숫자 15와 16은 9 + 6 = טו, 9 + 7 = טז로 사용한다.

히브리어는 오른쪽에서 왼쪽으로 써나간다

    지구상에 있는 대부분의 언어는 왼쪽에서 오른쪽으로 쓰는 것이 일반적인 현상이지만, 히브리어 정서법은 오른쪽에서 왼쪽으로 쓰는 것이 특징이다. 그리므로 히브리어 알파벳도 오른쪽에서부터 왼쪽으로 써야 한다. 예를 들면 다음과 같이 써야 한다.

אבבגגדדההוזחטיככ

למנסעפפצקרשׁשׁתת

또 한 가지 어휘의 예를 들면, 말씀, 혹은 일(word or thing)이라는 뜻을 가진 히브리어 단어는 דָּבָר(따바르)라고 부른다. 히브리어를 처음 대하는 독자는 이 단어를 대부분의 언어가 사용하는 방식대로 왼쪽에서 오른쪽으로 쓰는 방식을 따라 רָבָד(따바르)라고 쓰고 읽으면 안 된다.

비슷한 발음을 가진 문자

다음의 문자들은 유사한 발음을 가지고 있는 특징이 있다. 그러나 이러한 문자들은 원래 서로 다른 뚜렷한 음가(sound values)를 가지고 있다.

ב	ג	like g	in go
ד	ד	like d	in door
ת	ת	like t	in time
א	ע	like	in glottal stop(성문[聲門] 폐쇄음)

ב	ו	like v	in never / vote
ח	כ / ך	like ch	in Loch / Bach
ט	ת / ת	like t	in time
כ	ק	like k	in keep
ס	שׂ	like s	in silver

점만 찍으면 발음이 달라지는 문자

히브리어 자음 중 6개의 문자는 2가지 형태의 발음을 가지고 있다. 즉 마찰음(fricative)과 파열음(plosive) 두 가지 소리를 나타내고 있다. 이러한 6개 문자(בגדכפת) 안에 다게쉬(dagesh: דָּגֵשׁ)라고 불리는 점(.)이 있으면 파열음이 되어 강하고(strong) 억센(hard) 소리가 난다. 이러한 점(dot)을 따게쉬 레네(dagesh lene: 연강점(軟强點) 혹은 경강점(輕强點)이라고 부른다.

반면에 자음(בגדכפת)안에 다게쉬(dagesh: דָּגֵשׁ)라고 불리는 점(.)이 없으면 부드러운 마찰음이 된다. 그러나 이것은 소리에만 영향을 미칠 뿐 의미(meaning)에는 전혀 영향을 주지 않는다. 예를 들어, 위대한(great)이라는 뜻을 가진 히브리어 단어는 גָּדוֹל 인데 첫글자(ג: 기멜) 안에 다게쉬(dagesh: דָּגֵשׁ)라고 불리는 점(.)이 있기 때문에 강하고 억센 파열음으로 발음해야 한다. 그래서 이 단어의 한글 발음은 (גָּדוֹל: 까돌)이다. 반면에 첫글자(ג)안에 다게쉬(dagesh: דָּגֵשׁ)라고 불리는 점(.)이 없을 경우에는 (즉, גָדוֹל: 가돌)이다. 이러한 6개 문자는 한 단어가 음절을 시작할 때 혹은 한 단어의 중간에서 음절을 새롭게 시작할 때 다게쉬(dagesh: דָּגֵשׁ)라고 불리는 점(.)이 한 단어의 중간에 붙어·강하고 억센 파열음(plosive)이 난다. 그리고 이러한 6가지 자음을 쉽게 암기하기 위해서 우리는 '뻬가드 케파트' 문자라고 한다. 그러나 오늘날 유대인들은·다게쉬(dagesh: דָּגֵשׁ)라고 불리는·점(.)이 한 단어의 중간에 붙어 있을지라도 동일하게 파열음으로 발음한다(예를 들면, גָּדוֹל[까돌]은 גָדוֹל[가돌]로 발음한다).

경우에 따라 문자에 찍힌 점으로 그 문자가 중복된 것을 표시하기도 한다

앞서 설명한 대로 히브리어 6개의 글자 안에는 따게쉬 (דָּגֵשׁ: dagesh) 라는 점을 찍어 발음을 강하게, 혹은 부드럽게 발음하는 경향이 있다는 것을 설명하였다. 그리고 이것을 우리는 연강점 혹은 경강점이라고 한다. 그런데 히브리어 글자

안에는 בגדכפת와 같은 6개 문자 외에도 따게쉬(דָגֵשׁ: dagesh)라는 점을 찍어 자음을 중복시키는 역할을 하는 점 (dot)이 붙게 되는데, 히브리어 문자중에 후음문자 (ר ע ח ה א)를 제외한 모든 문자에 찍어 자음을 중복시키는 역할을 한다. 왜냐하면 히브리어 문자의 특징은 자음을 두 번 연속하여 쓰지 않고, 어떤 문자 가운데 점을 찍어 자음을 중복시키려는 경향이 있기 때문이다. 이러한 점(dot)을 우리는 중강점(重強點: dagesh forte)이라고 부른다. 예를 들어, 여자, 아내(woman or wife)라는 뜻을 가진 אִשָּׁה라는 단어 שָּׁ(샤) 안에 따게쉬(דָגֵשׁ: dagesh)라고 부르는 점을 찍어 자음을 중복시키고 있다. 원래 이 단어는 אִשְׁשָׁה인데, 히브리어 문자는 자음을 연속하여 사용하는 것을 피하려는 경향이 있기 때문에, 가운데 점(dot)을 찍어 자음을 중복시키 사용한다. 그러면 히브리어를 처음으로 공부하는 독자들은 어느 것이 연강점이고 어느 것이 중강점인지 구분하기 어려울 것이라고 생각한다. 그래서 이 두 가지 점(dot)을 구분하는 기준을 세 가지로 요약하여 정리하고자 한다.

1) בגדכפת 6개의 문자가 한 단어에서 음절을 시작하거나(예를 들어, 집을 뜻하는 בַּיִת) 한 단어의 중간(예를 들어, 숫자 4를 뜻하는 אַרְבַּע)에서 음절을 새로 시작할 때 가운데 따게쉬(דָגֵשׁ: dagesh) 라는 점이 붙으면 이것은 연강점 혹은 경강점(軟強點 혹은 輕強點)이다.

2) בגדכפת 6개의 문자와 후음문자(ר ע ח ה א)를 제

외한 다른 문자 가운데에 따게쉬(דָּגֵשׁ: dagesh)라는 점이 찍혀 있으면, 이것은 자음이 중복된 중강점(重强點:dagesh forte)이 다. 예를 들어, 왕좌, 의자(throne, seat)라는 뜻을 가진 כִּסֵּא의 가운데 문자 סּ의 글자는 자음이 중복된 중강점(重强點: dagesh)이다.

　3) בגדכפת 6개의 문자가 한 단어의 중간에 나올 경우 그 문자 앞에 모음이 아닌 쉐바(sheva: ְ)가 나올 경우에 연강 점 혹은 경강점(軟强點 혹은 輕强點)이다. 예를 들어, 소녀의 뜻을 가진 히브리어 יַלְדָּה 단어 안에 דּ의 글자는 강한 억센 소리를 나타내는 연강점 혹은 경강점(軟强點 혹은 輕强點)이 다. 또한 בגדכפת 6개의 문자가 한 단어의 중간에 나올 경 우 그 문자 앞에 모음이 나올 경우에는 중강점(重强點: dagesh forte)이다.

　예를 들어, 의문사 왜(why)의 뜻을 가진 לָמָּה의 가운데 문자 מּ의 글자는 자음이 중복된 중강점(重强點: dagesh forte) 이다.

히브리어 단어는 세 개의 자음문자로 만든다

　히브리어는 대부분 세 가지 자음(어간)을 가진 단어로 형성되어 있다. 그러므로 한정된 어휘의 어근(root)의 의미를 잘 파악하고 있으면, 히브리어의 다양한 파생어들과 그에 따른 표현들을 얼마든지 추정해 낼 수 있다. 그리고 히브리어 단어의 의미와 기능은 어간에 붙여지는 모음과 접두사, 접미사등에 의하여 결정된다.

모음 문자

히브리어는 원래 모음이 없는 자음만으로 구성된 언어이다. 그런데 A.D 600 – 1000년 사이에 맛소라 학자들이 히브리어 성경 본문을 정확하게 전승 보존하기 위하여 모음 부호를 만들었다.

번호 (number)	모음부호 명칭 (name)		모음형태 (form)		음역 (transliteration)		음가 (sound values)[1]
1	qāmeṣ	카메츠	מָ אָ מָה	ָ	ā â	아	cup
2	pataḥ	파타흐	מַ	ַ	a	아	cup
3	ḥātēp pataḥ	하텦 파타흐	חֲ	ֲ	ă	아	cup

---

[1] Modern Hebrew

번호 (number)	모음부호 명칭 (name)		모음형태 (form)		음역 (transliteration)		음가 (sound values)[1]
4	ḥōlem	홀렘	שׁ אֹ הֹ שֹׁ שׁוֹ	ֹ	ō ô	오	more
5	qāmeṣ ḥāṭûp	카메츠 하툽	שׁ	ָ	o	오	hot
6	ḥāṭēp qāmeṣ	하텝 카메츠	הֳ	ֳ	ŏ	오	hot
7	ṣērê	체레	שֵׁ אֵ הֵ שֵׁ שֵׁי	ֵ	ē ê	애	pen
8	s^egōl	세골	שֶׁ שֶׁי שֶׁ שֶׁה	ֶ	e ê ê	애	pen
9	ḥāṭēp s^egōl	하텝 세골	הֱ	ֱ	ĕ	애	pen
10	šûreq	슈렉	שׁוּ	וּ	û	우	put
11	qibbûṣ	키부츠	שֻׁ	ֻ	u	우	put
12	ḥireq	히렉	שִׁ שִׁי	ִ	i î	이	hit
13	audible s^ewâ	쉐바 (유성쉐바)	שְׁ	ְ	e	(약한) 애	above

모음 읽는 요령

1 단모음

히브리어의 단모음은 5가지 유형이 있다.

히브리어 모음 명칭		모음 형태		한글발음
patah	파타흐	אַ	ַ	아
qāmeṣ ḥātûp	카매츠 하툽	אָ	ָ	오
se gōl	세골	אֶ	ֶ	에
qibbûṣ	키부츠	אֻ	ֻ	우
ḥireq	히렉	אִ	ִ	이

2 장모음

다음과 같은 히브리어 장모음 3가지 유형은 어간에 접두사, 접미사가 붙으면 모음이 변할 수 있는 장모음이다.

히브리어 모음 명칭		모음 형태		한글발음
qāmeṣ	카메츠	טָ	ָ	아
ḥōlem	홀렘	טֹ	ֹ	오
ṣērê	체레	טֵ	ֵ	에

3 순수한 장모음

다음과 같은 히브리어 장모음 6가지 유형은 어간에 접두
사, 접미사가 붙을지라도 결코 모음이 변할 수 없는 순수한
장모음이다.

히브리어 모음 명칭		모음 형태		한글발음
qāmeṣ	카메츠	אָ טָ הָ	ָ	아
ḥōlem vav	홀렘 (바브)	אֹ טֹ הֹ וֹ טֹ	ֹ	오
ṣērê yud	체레 (유드)	אֵ טֵ הֵ יֵ טֵ	ֵ	에
sᵉgōl	세골	טֶ הֶ	ֶ	애
šûreq	슈렉	טוּ	וּ	우

히브리어 모음 명칭		모음 형태		한글발음
hireq yud	히렉 (유드)	מִי	.	이

4 히브리어 쉐바(sheva: ֽ)

히브리어는 모음 부호에 따라 의미가 달라지는 언어이다. 그런데 만일 히브리어 자음 밑에 모음 부호가 비어 있으면 누군가 악의적인 의도로 성경의 사본이나 어떤 문서의 의미를 변경시키고자 하면 얼마든지 가능하다. 그렇기 때문에 어떤 사람도 자음밑에 있는 빈 공간에 다른 모음을 붙여 뜻을 왜곡시킬 수 없도록 하기 위하여 모음이 아닌 쉐바(sheva: ֽ) 부호를 넣어 의미 변경을 방지할 목적으로 맛소라 학자들에 의해 고안된 것이다. 일부 학자들은 쉐바(sheva)를 반모음 (half vowels) 혹은 별개의 단모음(extra short vowels)으로 취급 하기도 한다. 쉐바(sheva)에는 아래와 같이 단순쉐바(simple sheva)[1]와 복합쉐바(composite sheva)[2] 이와 같이 쉐바는 두 종 류가 있다. 쉐바에는 2개의 단순쉐바와 3개의 복합쉐바의 형 태가 존재한다.

---

[1] 단순쉐바에는 유성쉐바(vocal sheva: 예를 들어, שְׁמוֹ: *šᵉmô* 쉐모, שֹׁמְרִים: *šômᵉrîm* 쇼메림)와 무성쉐바(silent sheva: 예를 들어, יִשְׁמֹר: *yišmōr* 이쉬모르, אַפְקִד: *'apqîd* 아프키드)가 있는데, 유성쉐바는 한 음절이 시작되는 곳에 모음과 같이 발음이 나고, 무성쉐바는 전혀 소리가 나지 않는다
[2] 복합쉐바는 후음문자(ע ח ה א) 아래에만 붙는다

히브리어 쉐바(sheva) 명칭		쉐바(sheva)의 형태		한글발음
audible $s^ew\hat{a}$	쉐바(유성쉐바)	שְׁ	:	약한 "애"
$h\bar{a}\underline{t}\bar{e}p$ $pata\underline{h}$	하텦 파타흐	חֲ	־ֲ	약한 "아"
$h\bar{a}\underline{t}\bar{e}p$ $q\bar{a}me\d{s}$	하텦 가메츠	חֳ	־ֳ	약한 "오"
$h\bar{a}\underline{t}\bar{e}p$ $s^eg\bar{o}l$	하텦 세골	חֱ	־ֱ	약한 "애"

5 히브리어 이중모음

두 개의 서로 다른 모음이 결합하여 하나의 음절(one syllable)을 형성할 때 만들어지는 소리를 이중모음(diphthong)이라고 한다.

자음	두개의 모음 결합	한글 발음	영어발음
י	טַי	타이	tie
	טָי	타이	sky
	טֹוי	토이	boy
	טֻוי	투이	gluey

읽기연습 1: 간단한 문자

אִ (이) אֵ (에) אֶ (애) אָ (아) אַ (아) אֲ (애) אֻ (우)

אוּ (우) אֹ (오) אוֹ (오) אֵי (에이)

בִ (비) בֵ (베) בֶ (배) בָ (바) בַ (바) בֲ (배) בֻ (부)

בוּ (부) בֹ (보) בוֹ (보) בֵי (베이)

גִ (기) גֵ (게) גֶ (개) גָ (가) גַ (가) גֲ (개) גֻ (구)

גוּ (구) גֹ (고) גוֹ (고) גֵי (게이)

דִ (디) דֵ (데) דֶ (대) דָ (다) דַ (다) דֲ (대) דֻ (두)

דוּ (두) דֹ (도) דוֹ (도) דֵי (데이)

הִ (히) הֵ (헤) הֶ (해) הָ (하) הַ (하) הֲ (해) הֻ (후)

הוּ (후) הֹ (호) הוֹ (호) הֵי (헤이)

בִ (비) בֵ (베) בֶ (배) בָ (바) בַ (바) בַ (배) בֻ (부)

בוּ (부) בֹ (보) בוֹ (보) בֵי (베이)

זִ (지) זֵ (제) זֶ (재) זָ (자) זַ (자) זַ (재) זֻ (주)

זוּ (주) זֹ (조) זוֹ (조) זֵי (제이)

חִ (히) חֵ (헤) חֶ (해) חָ (하) חַ (하) חַ (해) חֻ (후)

חוּ (후) חֹ (호) חוֹ (호) חֵי (헤이)

טִ (티) טֵ (테) טֶ (태) טָ (타) טַ (타) טַ (태) טֻ (투)

טוּ (투) טֹ (토) טוֹ (토) טֵי (테이)

יִ (이) יֵ (예) יֶ (애) יָ (야) יַ (야) יַ (애) יֻ (유)

יוּ (유) יֹ (요) יוֹ (요) יֵי (예이)

כ (키) כֵ (케) כֶ (캐) כָ (카) כַ (카) כֶ (캐) כֻ (쿠)

כוּ (쿠) כ (코) כוֹ (코) כִי (케이)

ל (리) לֵ (레) לֶ (래) לָ (라) לַ (라) לֶ (래) לֻ (루)

לוּ (루) ל (로) לוֹ (로) לִי (레이)

מ (미) מֵ (메) מֶ (매) מָ (마) מַ (마) מֶ (매) מֻ (무)

מוּ (무) מ (모) מוֹ (모) מִי (메이)

נ (니) נֵ (네) נֶ (내) נָ (나) נַ (나) נֶ (내) נֻ (누)

נוּ (누) נ (노) נוֹ (노) נִי (네이)

ס (씨) סֵ (쎄) סֶ (쌔) סָ (싸) סַ (싸) סֶ (쌔) סֻ (쑤)

סוּ (쑤) ס (쏘) סוֹ (쏘) סִי (쎄이)

ע (이) עֵ (에) עֶ (애) עָ (아) עַ (아) עֶ (애) עֻ (우)

עֻו (우) עֹ (오) עוֹ (오) עֵי (에이)

פִ (피) פֵ (페) פֶ (패) פָ (파) פַ (파) פֶ (패) פֻ (푸)
פֻו (푸) פֹ (포) פוֹ (포) פֵי (페이)

צִ (찌) צֵ (쩨) צֶ (째) צָ (짜) צַ (짜) צֶ (째) צֻ (쭈)
צֻו (쭈) צֹ (쪼) צוֹ (쪼) צֵי (쩨이)

קִ (키) קֵ (케) קֶ (캐) קָ (카) קַ (카) קֶ (캐) קֻ (쿠)
קֻו (쿠) קֹ (코) קוֹ (코) קֵי (케이)

רִ (리) רֵ (레) רֶ (래) רָ (라) רַ (라) רֶ (래) רֻ (루)
רֻו (루) רֹ (로) רוֹ (로) רֵי (레이)

שִ (쉬) שֵ (쉐) שֶ (쉐) שָ (샤) שַ (샤) שֶ (쉐) שֻ (슈)
שֻו (슈) שֹ (쇼) שוֹ (쇼) שֵי (쉐이)

שִׁ (씨) שֵׁ (쎄) שֶׁ (쎄) שָׁ (싸) שַׁ (싸) שְׁ (쎄) שֻׁ (쑤)

שׁוּ (쑤) שֹׁ (쏘) שׁוֹ (쏘) שֵׁי (쎄이)

תִ (티) תֵ (테) תֶ (테) תָ (타) תַ (타) תְ (테) תֻ (투)

תוּ (투) תֹ (토) תוֹ (토) תֵי (테이)

읽기연습 2: 단어 읽기

אָדָם (아담)	שַׂר (싸르)	עַיִן (아인)	אֵם (엠)	קָרָא (카라)
כֶּסֶף (케쎄프)	יָם (얌)	לֵב (레브)	יִשְׂרָאֵל (이쓰라엘)	שָׁאַל (샤알)
כֹּהֵן (코헨)	הַר (하르)	מֶלֶךְ (말라크)	מֹשֶׁה (모쉐)	שָׁמַר (샤마르)
חָכְמָה (호크마)	רֹאשׁ (로쉬)	מַלְכָּה (말카)	זָקֵן (자켄)	שָׁלוֹם (샬롬)
זָהָב (자하브)	עִיר (이르)	מַלְכוּת (말쿠트)	יָפֶה (야페)	תּוֹרָה (토라)

דַּעַת (다아트)	יוֹם (욤)	מְלָכִים (맬라킴)	רַב (라브)	נָפַל (나팔)
דָּבָר (다바르)	רוּחַ (루아흐)	מַמְלָכָה (마믈라카)	רָשָׁע (라샤)	פֶּה (포)
גּוֹי (고이)	סוּס (쑤쓰)	יָד (야드)	הָלַךְ (할락)	צֹאן (쫀)
בְּרִית (배리트)	מַלְאָךְ (말르악)	דָּם (담)	נָתַן (나탄)	רֵעַ (레아)
אֲדָמָה (아다마)	אוֹר (오르)	אֱלֹהִים (엘로힘)	עָמַד (아마드)	פָּעַל (파알)

음절 나누기는 읽기의 기본

일반적으로 대부분의 언어들은 자음과 모음이 결합하여

하나의 음절을 형성하고 있다. 히브리어도 역시 마찬가지이다. 그리고 히브리어의 음절에는 개음절(open syllable)과 폐음절(closed syllable)이 있다.

1) 개음절: 하나의 음절이 자음과 모음으로 구성되어 발음을 할 때 입술이 열리는 형태를 말한다. 예를 들어, בָ(바) גָ(가) דָ(다) לָ(라)등이 그 좋은 예이다.

2) 폐음절: 하나의 음절이 자음과 모음과 자음으로 구성되어 발음을 할 때 입술이 닫히는 형태를 말한다. 예를 들어, בַת(바트) גַת(가트) דַת(다트) לַת(라트) 등이 그 좋은 예이다.

개음절(open syllable)	폐음절(closed syllable)
go(CV)	got(CVC)
spa(CCV)	spank(CCVCC)
mi- ni(CV -CV)	mind-ful(CVCC - CVC)[1]

위의 영어음절의 예를 통해 볼 수 있는 것처럼 히브리어 음절은 다음과 같이 형성된다.

1) 히브리어의 음절은 항상 자음으로 시작된다.

---

[1] 독자의 이해를 돕기 위해 위의 영어 약어 C 는 consonant(자음)를 말하고 V 는 vowel(모음)을 말한다. 영어에서도 마찬가지로 히브리어에서도 하나의 음절을 형성할 때, 자음+모음, 자음+자음+모음, 자음+모음+자음+모음, 자음+모음+자음, 자음+자음+모음+자음+자음, 자음+모음+자음+자음+모음+자음, 형태의 유형이 나타난다.

2) 히브리어의 음절은 개음절이거나 폐음절 둘 중에 어느 하나에 속한다.

3) 히브리어 음절은 결코 모음으로 시작하지 않으며, 단지 자음으로 시작한다. 그리고 폐음절은 자음으로만 끝난다.

히브리어 음절	음절형태
하나의 개음절	בְּ
하나의 폐음절	בַּת
두개의 개음절	סוּסָה > סוּ - סָה
두개의 음절중 하나는 개음절 나머지 하나는 폐음절	כָּתַב > כָּ - תַב

자주 쓰는 간단한 대화
בְּשִׂיחֵי יוֹם־יוֹם

비쑤에이 욤 욤

◆ "Yes(예)."

כֵּן [ken 켄]

◆ "No(아니오)."

לֹא [lo 로]

◆ "Perhaps(아마도)."

אוּלַי ['ulay 울라이]

◆ "Please(제발, 부디, 미안하지만)."

בְּבַקָשָׁה [bebakashah 베바카샤]

◆ "Excuse me(실례합니다)."

סְלִיחָה [sselihah 쎌리하]

◆ "Thanks very much(대단히 감사합니다)."

תּוֹדָה רַבָּה [todah rabah 토다 라바]

◆ "You are welcome(천만에요. 문자적인 의미로는: It is nothing)."

עַל לֹא דָבָר ['al lo dabar 알 로 다바르]

◆ "It is all right(그것은 좋습니다)."

זֶה בְּסֵדֶר [zeh besseder 제 베쎄데르]

◆ "It doesn't matter(그 일은 중요하지 않습니다)."

אֵין דָבָר ['eyn dabar 애인 다바르]

◆ "That is all(그것이 전부입니다)."

זֶה הַכֹּל [zeh hakol 제 하콜]

◆ "Wait a moment(잠시만 기다리세요)."

חַכִּי רֶגַע (여자에게 말을 할 때) [haki rega' 하키 레가]

חַכֵּה רֶגַע (남자에게 말을 할 때) [hakeh rega' 하케 레가]

* "Come in(안으로 들어오세요)."

  יָבֹא [yabo' 야보]

* "Come here(여기로 오세요)."

  בֹּאִי הֵנָּה (여자에게 말할 때) [bo'i hena 보이 헤나]

  בֹּא הֵנָּה (남자에게 말할 때) [bo' hena 보 헤나]

* "What do you wish(당신은 무엇을 하고자 합니까)?"

  מַה רְצוֹנֶךְ (남자에게) [mah rezzonek 마 레쪼네크]

  מַה רְצוֹנֶךָ (여자에게) [mah rezzoneka 마 레쪼네카]

* "What(무엇)?"

  מַה [mah 마]

* "Who(누구)?"

  מִי [mi 미]

* "When(언제)?"

  מָתַי [matay 마타이]

* "Where(어디에)?"

  אֵיפֹה [eypoh 에이포]

* "Why(왜)?"

  מַדּוּעַ [maddu'a 마두아]

◆ "How long(얼마나 걸립니까)?"

כַּמָּה זְמַן [kama zeman 카마 제만]

◆ "What is the distance(거리가 얼마나 됩니까)?"

מַה הַמֶּרְחָק [ma hamerhak 마 하메르하크]

◆ "Listen(귀를 기울여라, 들으라)."

שִׁמְעִי (여자에게 말할 때) [shim'i 쉼미]

שְׁמַע (남자에게 말할 때) [shema' 쉐마]

◆ "Careful(주의 하십시오)."

זְהִירוּת [zehirut 제히루트]

나를 드러내기

פְּרָטִים אִישִׁיים

페라팀 이쉬임

* "My name is Sang Moon(나의 이름은 상문입니다)."

  שְׁמִי סָנג מוּן [shemi ssang mun 쉐미 쌍 문]

* "My name is spelled _____(나의 이름은 _____이렇게 씁니다)."

  _____ כּוֹתְבִים אֶת שְׁמִי

  [kotbim 'et shemi _____ 코트빔 에트 쉐미_____]

* "I am 25 years old(나는 25세입니다)."

אֲנִי בַּת עֶשְׂרִים וְחָמֵשׁ (여자의 나이를 말할 때)

['ani bat 'esirim vehamesh 아니 바트 에시림 베하메쉬]

אֲנִי בֶּן עֶשְׂרִים וְחָמֵשׁ (남자의 나이를 말할 때)

['ani ben 'esirim vehamesh 아니 벤 에시림 베하메쉬]

* "I am an American citizen(나는 미국 시민입니다)."

אֲנִי תּוֹשָׁב אֲמֵרִיקָאִי

['ani tosab 'amerika'i 아니 토사브 아메리카이]

* "My address is _____(나의 주소는 _____ 입니다)."

כְּתָבְתִּי הִיא _____

[ketobti hi' _____ 케토브티 히 _____]

* "I am a student(나는 학생입니다)."

אֲנִי תַּלְמִידָה (여자가 말할 때) ['ani talmidah 아니 탈미다]

אֲנִי תַּלְמִיד (남자가 말할 때) ['ani talmid 아니 탈미드]

* "I am a teacher(나는 교사입니다)."

אֲנִי מוֹרָה (여자가 말할 때) ['ani morah 아니 모라]

אֲנִי מוֹרֶה (남자가 말할 때) ['ani moreh 아니 모레]

* "I am a businessman(나는 사업가입니다)."

אֲנִי אִישׁ מִסְחָר ['ani 'ish misshar 아니 이쉬 미쓰하르]

히브리어 알파벳과 숫자 보기

ㅁ 히브리어 알파벳은 22개의 자음으로 이루어져 있다 ㅁ

형 태	명 칭[1]		정방형 문자	고대히브리어	현대 초서체	발 음[2]		수
א	’Álep	알렢	א	𐤀	k	’		I
ב בּ	Bêt, Bêt	베트	ב	𐤁	ב	b, b (bh)	ㅂ	2
ג גּ	Gímel, Gímel	기멜	ג	𐤂	ל	g, g (gh)	ㄱ	3
ד דּ	Dálet, Dálet	달렡	ד	𐤃	૩	d, d (dh)	ㄷ	4
ה	Hē	헤	ה	𐤄	ற	h	ㅎ	5
ו	Wāw	바브,와우	ו	𐤅	l	w	우브	6
ז	Záyin	자인	ז	𐤆	s	z	ㅈ	7
ח	Ḥêt	헤트	ח	𐤇	ח	ḥ	ㅎ	8
ט	Têt	테트	ט	𐤈	6	ṭ	ㅌ	9
י	Yôd	요드	י	𐤉	,	y	이	'ㅇ
כ כּ	ך	Kap, Kap	카프	ך,כ	𐤊	ק,כ	k, k (kh)	ㅋㄹ	20
ל	Lámed	라멛	ל	𐤋	ل	l	ㄹ	30
מ	ם	Mêm	멤	ם,מ	𐤌	מ,א	m	ㅁ	40
נ	ן	Nûn	눈	ן,נ	𐤍	ן,נ	n	ㄴ	50
ס	Sámek	싸멕	ס	𐤎	٥	s	ㅅ	60
ע	‘Áyin	아인	ע	𐤏	४	‘		70
פ פּ	ף	Pē, Pē	페	ף,פ	𐤐	8,۵	p, p (ph)	ㅍ	80
צ	ץ	Ṣádē	차데	ץ,צ	𐤑	8,3	ṣ	ㅊ	90
ק	Qôp or Kôp	코프	ק	𐤒	ק	q or ḳ	ㅋ	100
ר	Rēš	레쉬	ר	𐤓	ר	r	ㄹ	200
שׁ שׂ	Śîn, Šîn	신,쉰	שׂ שׁ	𐤔	૨ é	ś, š	ㅅ쉬	300
ת ת	Tāw, Tāw	타브	ת	𐤕	ן	t, t (th)	ㅌ	400

1) 마찰음을 가진 문자(ph. th. 등)는 음역할 때에 그 문자 아래에 밑줄 친 단선으로 표현할
수 있도록 되어 있다(p. t. 등).
2) 소리의 음가는 p. 13에 자세히 설명되어 있다.

필기체로 낱자 쓰기 연습

* 먼저 연한 글씨 위에 써보고 뒤에 흰 공간에 쓴다.

		1. 왼쪽 위에서 오른쪽 아래로 비스듬히 대각선을 그린다. 2. 오른쪽 윗부분에서 왼쪽 아래로 곡선을 그려서 첫 번째 직선을 둘로 나누며 작은 발로 끝맺는다.				
알렢/ 알레프						

א	א	3. 왼쪽 위에서 오른쪽 아래로 비스듬히 대각선을 그린다.
알렢/ 알레프		4. 오른쪽 윗부분에서 왼쪽 아래로 곡선을 그려서 첫 번째 직선을 둘로 나누며 작은 발로 끝맺는다.

א	א	א	א	א	א	א
א	א	א	א	א	א	א

| | | 1. 왼쪽 윗부분에서 시작 오른쪽에 모퉁이 각을 만들어 아래로
2. 왼쪽에서 오른쪽으로 반듯이 긋되 우측이 약간 나오도록 길게 긋는다. |

팰/페트

⊐ 뻴/뻬트	(stroke guide)	3. 왼쪽 윗부분에서 시작 오른쪽에 모퉁이 각을 만들어 아래로 4. 왼쪽에서 오른쪽으로 반듯이 긋되 우측이 약간 나오도록 길게 긋는다.

⊐	⊐	⊐	⊐	⊐	⊐	⊐
⊐	⊐	⊐	⊐	⊐	⊐	⊐
⊐	⊐	⊐	⊐	⊐	⊐	⊐

		1. 윗부분에서 시작하여 까치발 같은 형태로 왼쪽으로 그리고
끼멜		2. 오른쪽 아랫부분에 발과 같은 작은 선을 긋는다.

		3. 윗부분에서 시작하여 까치발 같은 형태로 왼쪽으로 그리고
끼멜		4. 오른쪽 아랫부분에 발과 같은 작은 선을 긋는다.

ㄱ		1. 윗부분을 왼쪽에서 오른쪽으로 반듯이 긋고
딸렡		2. 오른쪽 끝 지점에서 수직으로 내리 긋는다.

딸렡

3. 윗부분을 왼쪽에서 오른쪽으로 반듯이 긋고
4. 오른쪽 끝 지점에서 수직으로 내리 긋는다.

ㄱ (헤 / 헤이)		1. 왼쪽 윗부분에서 시작하여 오른쪽 모퉁이에서 수직으로 꺾어 내린다. 2. 왼쪽 윗줄에 닿지 않게 수직으로 긋는다.			
ㄱ	ㄱ	ㄱ	ㄱ	ㄱ	ㄱ	ㄱ
ㄱ	ㄱ	ㄱ	ㄱ	ㄱ	ㄱ	ㄱ

		3. 왼쪽 윗부분에서 시작하여 오른쪽 모퉁이에서 수직

혜 / 헤이		으로 꺾어 내린다.
		4. 왼쪽 윗줄에 닿지 않게 수직으로 긋는다.

		1. 윗부분에서 비스듬히 내려 긋다가 수직선으로 그린다
ר 바브		

ר	ר	ר	ר	ר	ר	ר
ר	ר	ר	ר	ר	ר	ר

		2. 윗부분에서 비스듬히 내려 긋다가 수직선으로 그리다				
바브						

		1. 윗부분에서 짧게 우측 사선을 긋고 2. 선 중앙에서 시작하여 수직선으로 긋는다.			
자인					

		1. 윗부분에서 짧게 우측 사선을 긋고
		2. 선 중앙에서 시작하여 수직선으로 긋는다.

자인						

		1. 왼쪽 윗부분에서 시작하여 정사각형 모퉁이에서 오른쪽 각을 만들며 수직그로 긋고
헬/호하이트		2. 왼쪽 윗줄에 닿는 자리에서 수직선으로 내리 긋는다.

		1. 왼쪽 윗부분에서 시작하여 정사각형 모퉁이에서 오른쪽 각을 만들며 수직그로 긋고
헬/호하이트		2. 왼쪽 윗줄에 닿는 자리에서 수직선으로 내리 긋는다.

 텥 / 테트		1. 윗부분에서 밑으로 긋다가 우회전하고 이어어 좌회전을 하여 윗부분에서 안쪽으로 꺾여 긋는다.

 텔 / 테트		2. 윗부분에서 밑으로 긋다가 우회전하고 이어어 좌회전을 하여 윗부분에서 안쪽으로 꺾여 긋는다.

		1. 작게 수평으로 그리다 아래로 짧게 구부린다.				
요트/유드						

		2. 작게 수평으로 그리다 아래로 짧게 구부린다.				
요트/유드						

		1. 왼쪽 위에서 시작하여 시계방향으로 둥그렇게 그리다 윗선과 반대방향의 밑바닥 수평으로 그린다.				
캎 / 흐하프						

칼 / ㅎ하프		2. 왼쪽 위에서 시작하여 시계방향으로 둥그렇게 그리 다 윗선과 반대방향의 밑바닥 수평으로 그린다.				

		1. 왼쪽 위에서 짧게 내리긋다가 우측으로 수평선을 그리다 아래로 꺾어 수직으로 긋다가 왼쪽으로 비스듬이 돌려 밑으로 긋는다.				
라멘/라메드						

		2. 왼쪽 위에서 짧게 내리긋다가 우측으로 수평선을 그리다 아래로 꺾어 수직으로 긋다가 왼쪽으로 비스듬이 돌려 밑으로 긋는다.

라멘/라메드

מ		1. 왼쪽 위에서 고리를 왼쪽으로 그려 내리다가 다시 위쪽으로 올려 원을 그리듯 돌려 왼쪽 바닥으로 끝낸다.
멤		

מ	מ	מ				
מ	מ	מ				

מ		2. 왼쪽 위에서 고리를 왼쪽으로 그려 내리다가 다시 위쪽으로 올려 원을 그리듯 돌려 왼쪽 바닥으로 끝낸다.				
멤						
מ	מ	מ	מ	מ	מ	מ
מ	מ	מ	מ	מ	מ	מ

⊐ 눈	⊐	1. 왼쪽 위에서 우측으로 짧게 긋다가 비스듬히 내리긋고 다시 왼쪽으로 짧게 수평 고리를 그린다.

⊐	⊐	⊐	⊐	⊐	⊐	⊐
⊐	⊐	⊐	⊐	⊐	⊐	⊐

		2. 왼쪽 위에서 우측으로 짧게 긋다가 비스듬히 내리긋고 다시 왼쪽으로 짧게 수평 고리를 그린다.
ㄴ		

ㄴ	ㄴ	ㄴ	ㄴ	ㄴ	ㄴ	ㄴ
ㄴ	ㄴ	ㄴ	ㄴ	ㄴ	ㄴ	ㄴ

		1. 윈 왼쪽에서 오른쪽으로 비스듬히 올려 그리다 내리 굿고 아래서 왼쪽으로 수평선을 굿다가 위쪽으로 올려 그려 시작점에 연결, 정사각형 꼴을 만든다.			
싸멕/싸메흐						

		1. 왼 왼쪽에서 오른쪽으로 비스듬히 올려 그리다 내리 굿고 아래서 왼쪽으로 수평선을 굿다가 위쪽으로 올려 그려 시작점에 연결, 정사각형 꼴을 만든다.
싸멕/싸메ㅎ		

		1. 오른쪽 위에서 왼쪽을 향해 곡선을 내리 긋는다.
ע		2. 왼쪽 위의 시작점 위치에서 우측 고선과 닿도록 굽은 선을 긋는다.
아인		

ע	ע	ע	ע	ע	ע	ע
ע	ע	ע	ע	ע	ע	ע

ע		3. 오른쪽 위에서 왼쪽을 향해 곡선을 내리 긋는다.
아인		4. 왼쪽 위의 시작점 위치에서 우측 고선과 닿도록 굽은 선을 긋는다.

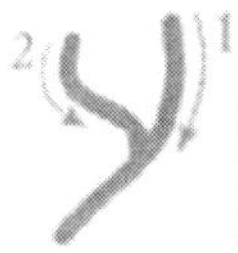

ע	ע	ע	ע	ע	ע	ע
ע	ע	ע	ע	ע	ע	ע

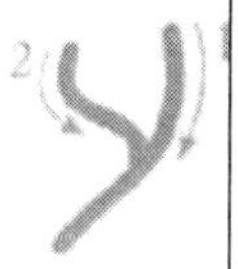

פ 페 / 페이		1. 왼쪽에서 오른쪽 위로 둥그렇게 그려 아래로 그리고 2. 위 시작점에서 좌우로 수평선을 짧게 그린다.

פ	פ	פ	פ	פ	פ	פ
פ	פ	פ	פ	פ	פ	פ

		3. 왼쪽에서 오른쪽 위로 둥그렇게 그려 아래로 그리고 4. 위 시작점에서 좌우로 수평선을 짧게 그린다.			
פ 페 / 페이					

		1. 왼쪽 위에서 오른쪽으로 긋다가 비스듬히 내려 긋고 밑에서 꺾어 조측으로 수평선을 긋는다 2. 오른쪽 윗부분에서 갈고리를 그려 1번 선에 맞댄다.
짜디		

		3. 왼쪽 위에서 오른쪽으로 긋다가 비스듬히 내려 긋고 밑에서 꺾어 조측으로 수평선을 긋는다 4. 오른쪽 윗부분에서 갈고리를 그려 1번 선에 맞댄다.

짜디

		1. 왼쪽에서 수직선을 먼저 그린다.
P 콥/쿠프	**P**	2. 왼쪽 수직선 위에 간격을 두고 수평으로 긋다가 수직으로 내리 그리다 활처럼 꺾어 1번 선에 닿지 않도록 긋는다.

P	P	P	P	P	P	P
P	P	P	P	P	P	P

		3. 왼쪽에서 수직선을 먼저 그린다.
		4. 왼쪽 수직선 위에 간격을 두고 수평으로 긋다가 수 직으로 내리 그리다 활처럼 꺾어 1번 선에 닿지 않 도록 긋는다.

콥/쿠프

 레이쉬		1. 왼쪽 상단에서 우측으로 수평을 그리다 수직으로 꺾어 내린다.			

		2. 왼쪽 상단에서 우측으로 수평을 그리다 수직으로 꺾어 내린다.				
레이쉬						

		1. 오른쪽 위에서 시작하여 왼쪽 아래로 평평한 호를 그려 위로 끌어올린다. 2. 점은 왼쪽선 위에 찍는다.				
씬						

		3. 오른쪽 위에서 시작하여 왼쪽 아래로 평평한 호를 그려 위로 끌어올린다.
씬		4. 점은 왼쪽선 위에 찍는다.

		쉰

5. 오른쪽 위에서 시작하여 왼쪽 아래로 평평한 호를 그려 위로 끌어올린다.
6. 점은 오른쪽선 위에 찍는다.

| | | 7. 오른쪽 위에서 시작하여 왼쪽 아래로 평평한 호를 그려 위로 끌어올린다. |
| | | 8. 점은 오른쪽선 위에 찍는다. |

쉰

		1. 왼쪽에서 오른쪽으로 기역자 모양을 그린다. 2. 왼쪽 1번선 아래 약간 안으로 붙여 일그러진 에스자 형의 굽은 선을 그린다.			
ת 탑/타브					
ת	ת	ת	ת	ת	ת
ת	ת	ת	ת	ת	ת

		3. 왼쪽에서 오른쪽으로 기역자 모양을 그린다.
ת 탑/타브		4. 왼쪽 1번선 아래 약간 안으로 붙여 일그러진 에스자형의 굽은 선을 그린다.

ת	ת	ת	ת	ת	ת	ת
ת	ת	ת	ת	ת	ת	ת

단어 쓰며 익히기

אָדָם (아담)	שַׂר (싸르)	עַיִן (아인)
אָדָם	שַׂר	עַיִן

אֵם (엠)	קָרָא (카라)	קָרָא (카라)
אֵם	קָרָא	קָרָא

שַׂר (싸르)	עַיִן (아인)	כֶּסֶף (케쎄프)
שַׂר	עַיִן	כֶּסֶף

יָם (얌)	לֵב (레브)	יִשְׂרָאֵל (이쓰라엘)
יָם	לֵב	יִשְׂרָאֵל

שָׁאַל (샤알)	כֹּהֵן (코헨)	הַר (하르)
שָׁאַל	כֹּהֵן	הַר

מֶלֶךְ	מֹשֶׁה	שָׁמַר
(말라크)	(모쉐)	(샤마르)
מֶלֶךְ	מֹשֶׁה	שָׁמַר

חָכְמָה	רֹאשׁ	מַלְכָּה
(호크마)	(로쉬)	(말카)
חָכְמָה	רֹאשׁ	מַלְכָּה

זָקֵן	שָׁלוֹם	זָהָב
(자켄)	(샬롬)	(자하브)
זָקֵן	שָׁלוֹם	זָהָב

עִיר	מַלְכוּת	יָפֶה
(이르)	(말쿠트)	(야페)
עִיר	מַלְכוּת	יָפֶה

תּוֹרָה (토라)	דָּעַת (다아트)	יוֹם (욤)
תּוֹרָה	דָּעַת	יוֹם

מְלָכִים (맬라킴)	רַב (라브)	נָפַל (나팔)
מְלָכִים	רַב	נָפַל

מַמְלָכָה (마믈라카)	רוּחַ (루아흐)	דָּבָר (다바르)
מַמְלָכָה	רוּחַ	דָּבָר

רָשָׁע	פֶּה	גּוֹי
(라샤)	(포)	(고이)
רָשָׁע	פֶּה	גּוֹי

שׂוּשׂ (쑤쓰)	יָד (야드)	הָלַךְ (할락)
שׂוּשׂ	יָד	הָלַךְ

מַלְאָךְ	בְּרִית	צֹאן
(말르악)	(배리트)	(쫀)
מַלְאָךְ	בְּרִית	צֹאן

דָּם	נָתַן	רֵעַ
(담)	(나탄)	(레아)
דָּם	נָתַן	רֵעַ

אֲדָמָה	אוֹר	אֱלֹהִים
(아다마)	(오르)	(엘로힘)
אֲדָמָה	אוֹר	אֱלֹהִים

עָמַד	פָּעַל	אֱלֹהִים
(아마드)	(파알)	(엘로힘)
עָמַד	פָּעַל	אֱלֹהִים

쓰면서 익히는 간단한 대화

◆ "Yes(예)." כֵּן [ken 켄]	
כֵּן	כֵּן
◆ "No(아니오)." לֹא [lo 로]	
לֹא	לֹא

◆ "Perhaps(아마도)."

אוּלַי ['ulay 울라이]

אוּלַי	אוּלַי

◆ "Please(제발, 부디, 미안하지만)."

בְּבַקָשָׁה [bebakashah 베바카샤]

בְּבַקָשָׁה	בְּבַקָשָׁה

* "Thanks very much(대단히 감사합니다)."

תּוֹדָה רַבָּה [todah rabah 토다 라바]

תּוֹדָה רַבָּה	תּוֹדָה רַבָּה

* "You are welcome(천만에요. 문자적인 의미로는: It is nothing)."

עַל לֹא דָבָר ['al lo dabar 알 로 다바르]

עַל לֹא דָבָר	עַל לֹא דָבָר

* "It is all right(그것은 좋습니다)."

זֶה בְּסֵדֶר [zeh besseder 제 베쎄데르]

זֶה בְּסֵדֶר	זֶה בְּסֵדֶר

* "It doesn't matter(그 일은 중요하지 않습니다)."

אֵין דָּבָר ['eyn dabar 애인 다바르]

אֵין דָּבָר	אֵין דָּבָר

◆ "How long(얼마나 걸립니까)?"

כַּמָּה זְמֵן [kama zeman 카마 제만]

כַּמָּה זְמֵן	כַּמָּה זְמֵן

◆ "What is the distance(거리가 얼마나 됩니까)?"

מַה הַמֶּרְחָק [ma hamerhak 마 하메르하크]

מַה הַמֶּרְחָק	מַה הַמֶּרְחָק

◆ "Listen(귀를 기울여라, 들으라)."

שִׁמְעִי (여자에게 말할 때) [shim'i 쉼미]

שְׁמַע (남자에게 말할 때) [shema' 쉐마]

שִׁמְעִי	שְׁמַע

* "Careful(주의 하십시오)."

זְהִירוּת [zehirut 제히루트]

זְהִירוּת	זְהִירוּת

* "Come in(안으로 들어오세요)."

יָבֹא [yabo' 야보]

יָבֹא	יָבֹא

* "Come here(여기로 오세요)."

בֹּאִי הֵנָּה (여자에게 말할 때) [bo'i hena 보이 헤나]

בֹּא הֵנָּה (남자에게 말할 때) [bo' hena 보 헤나]

) בֹּאִי הֵנָּה	בֹּא הֵנָּה

* "What do you wish(당신은 무엇을 하고자 합니까)?" *

מַה רְצוֹנְךָ (남자에게) [mah rezzonek 마 레쬬네크]

מַה רְצוֹנֵךְ (여자에게) [mah rezzoneka 마 레쬬네카]

מַה רְצוֹנֵךְ	מַה רְצוֹנְךָ

"What(무엇)?"

מַה [mah 마]

מַה	מַה

◆ "Who(누구)?"

מִי [mi 미]

מִי	מִי

◆ "When(언제)?"

מָתַי [matay 마타이]

◆ "When(언제)?"

מָתַי [matay 마타이]

מָתַי	מָתַי

◆ "When(언제)?"

מָתַי [matay 마타이]

מָתַי	מָתַי

◆ "When(언제)?"

מָתַי [matay 마타이]

מָתַי	מָתַי

♦ "Where(어디에)?"

אֵיפֹה [eypoh 에이포]

אֵיפֹה	אֵיפֹה

♦ "Why(왜)?"

מַדּוּעַ [maddu'a 마두아]

מַדּוּעַ	מַדּוּעַ

쓰면서 익히는 히브리어 교본

2021년 2월 10일 1판 인쇄
2021년 2월 15일 1판 발행
편   자 편집부
감   수 윤상문 최명덕
발행자 심혁창
마케팅 정기영

발행처 도서출판 한글
우편 04116
서울특별시 마포구 신촌로 270(아현동)
수창빌딩 903호

☎ 02-363-0301 / FAX 362-8635
E-mail : simsazang@hanmail.net
창   업 1980. 2. 20.
이전신고 제2018-000182

* 파본은 교환해 드립니다.
* 정가 10,000원
*
ISBN 97889-7073-590-0-93790

—